Hello love

JULIA CAWLEY
SASKIA VAN DEELEN
VERA SCHÄPER

Hello love

KOCHEN

LESEN

ZEIT ZU ZWEIT

JAN THORBECKE VERLAG

Inhalt

Vorwort

KERZEN AUF EINEM SCHÖN GEDECKTEN TISCH SPENDEN
WARMES LICHT. IM HINTERGRUND SPIELT LEISE MUSIK
UND DAS ESSEN VERSTRÖMT EINEN KÖSTLICHEN DUFT. WIR
SETZEN UNS AN DEN TISCH UND SCHAUEN UNS VERLIEBT
IN DIE AUGEN. DER ERSTE BISSEN ZERGEHT AUF DER ZUNGE,
ES SCHMECKT HERRLICH …

Nach einem anstrengenden Tag nach Hause kommen
und mit einem Candlelight-Dinner von seinem oder
seiner Liebsten überrascht werden – was gibt es Romantischeres? Und nichts drückt unsere Wertschätzung für
den anderen besser aus als ein selbst zubereitetes Menü,
denn übersetzt bedeutet es: „Du bist es mir wert, Zeit
und Liebe zu investieren, damit es dir gut geht." Oder
man hat sich gerade erst kennengelernt und möchte
dem anderen mit einem süßen Dessert zeigen, wie viele Schmetterlinge sich bei jedem Kuss zart flatternd in
die Lüfte erheben. Auch ein Frühstück im kuscheligen,
warmen Bett, eine süße Nascherei an einem verregneten Sonntag mit einem heißen Tee oder eine Kleinigkeit
für zwischendurch, falls der Alltag gerade wenig Zeit für
Zweisamkeit bereithält, sind manchmal einfach unbezahlbar. Von solchen Momenten lebt eine Beziehung.
Es gibt keine bessere Art und Weise, seinem Partner zu
zeigen, wie sehr man ihn liebt.

*»Die beste Sache, um
sich im Leben festzuhalten,
ist aneinander.«*

AUDREY

AUDREY HEPBURN UND MEL FERRER

Nur selten kommt es vor, dass ein Traumpaar vor der Kamera auch ein Traumpaar hinter der Kamera ist. Durch einen gemeinsamen Freund lernten sich die Stilikone Audrey Hepburn und der Künstler Mel Ferrer auf einer Party kennen. Audrey fand mit Mel ihr Glück – für sie war es Liebe auf den ersten Blick.

Es war eine stürmische Romanze, denn nur acht Monate später heirateten sie im privaten Kreis in der Schweiz. Bei ihrem gemeinsamen Dreh zu „Krieg und Frieden" waren sie schon verheiratet. An den beiden zeigt sich, dass sich Gegensätze durchaus anziehen können: Der Altersunterschied von zwölf Jahren war nicht zu übersehen, Audrey war klein mit mädchenhafter Statur, er hochgewachsen und lebenserfahren.

Mel behielt auch weiterhin seinen Ruf als charmanter Traumprinz. Die leidenschaftliche Hingabe zur Schauspielkunst hatten beide jedoch gemeinsam, und so konnten Audrey und Mel auch vor der Kamera als Liebespaar miteinander arbeiten.

Zusammen mussten sie viele dunkle Tage meistern, da Audrey mehrere Fehlgeburten hatte und sehr darunter litt. Aber das Glück war doch noch auf ihrer Seite: 1960 wurde ihr gemeinsamer Sohn geboren. Ihre Beziehung sollte leider nicht ewig halten: Nach 14 Jahren gingen Hollywoods Lieblinge wieder getrennte Wege.

Frühstück
FÜR LANGSCHLÄFER

UNSERE LIEBLINGSREZEPTE
FÜR EINEN SCHÖNEN START IN DEN TAG

Mohn-Porridge
MIT KARAMELLISIERTEN BIRNEN

ZUBEREITUNG CA. 30 MINUTEN

FÜR 2 PERSONEN

- 1 REIFE BIRNE
- 2 EL BUTTER
- 1 EL BRAUNER ZUCKER
- 1 VANILLESCHOTE
- 150 G ZARTE HAFERFLOCKEN
- 400 ML MILCH
- 200 ML WASSER
- 1 EL GEMAHLENER MOHN
- 1 PRISE SALZ
- 4 TL AHORNSIRUP
- 2 EL PISTAZIENKERNE
- 4 EL GRIECHISCHER JOGHURT
- 1 TL HONIG

AUSSERDEM

- KUGELAUSSTECHER

Die Birne waschen, abtrocknen, halbieren und mit einem Kugelausstecher entkernen. Butter mit Zucker in einer Pfanne schmelzen. Die Birnenhälften mit der Schnittseite nach unten in die Pfanne legen und bei mittlerer Hitze karamellisieren lassen. Die Birnenhälften wenden und gleichmäßig von beiden Seiten ca. 8 Minuten braten.

Für den Porridge die Vanilleschote halbieren, das Mark herauskratzen und mit Haferflocken, Milch, Wasser, Mohn und Salz in einen Topf geben und 2–3 Minuten leise köcheln lassen. Zum Schluss mit Ahornsirup süßen.

Mohn-Porridge auf zwei Schalen verteilen, mit den karamellisierten Birnenhälften belegen und mit Pistazienkernen bestreuen. Den Joghurt mit Honig süßen und zum Porridge servieren.

TIPPS

Die Vanilleschote kann auch durch eine Prise Zimt ersetzt werden. Statt der Pistazienkerne einfach 2 EL Granola (Rezept Seite 22) darübergeben. Sollte die Birne noch hart sein, sollte sie vor dem Karamellisieren geschält werden.

Rosmarin-
GRANOLA

ZUBEREITUNG CA. 30 MINUTEN

**FÜR EIN GROSSES GLAS
(CA. 1,5 LITER)**

- 10 ROSMARINNADELN
- 100 G MANDELN MIT SCHALE
- 50 G CASHEWKERNE
- 50 G PEKANNÜSSE
- 100 G WALNÜSSE
- 250 G HAFERFLOCKEN
- 50 G SESAMSAMEN
- 100 G KÜRBISKERNE
- 120 G SONNENBLUMENKERNE
- 6 EL KOKOSÖL
- 3 EL AHORNSIRUP
- 3 EL HONIG
- 2 TL ZIMT
- 1 PRISE SALZ

Den Backofen auf 190 °C Ober-/Unterhitze vorheizen.

Rosmarinnadeln waschen, trocknen und klein hacken. Mandeln, Cashewkerne, Pekan- und Walnüsse grob zerstoßen. Alles zusammen mit den Haferflocken in einer großen Schüssel gut vermischen. Sesamsamen, Kürbis- und Sonnenblumenkerne dazugeben und mit Kokosöl, Ahornsirup, Honig, Zimt und Salz so lange mischen, bis alles gleichmäßig angefeuchtet ist.

Rosmarin-Granola auf einem mit Backpapier ausgelegten Backblech verteilen und in den Ofen schieben. Ca. 15 Minuten backen, bis der gewünschte Bräunungsgrad erreicht ist. Zwischendurch mit einem Holzkochlöffel durchmischen.

Das Granola vollständig auf dem Backblech abkühlen lassen, damit es knusprig wird. Nach dem Abkühlen in ein Vorratsglas füllen und z.B. mit Joghurt und Früchten servieren.

TIPPS

Granola kann in vielen anderen Geschmacksrichtungen und auch ohne Kräuter hergestellt werden. Wer es fruchtiger mag, gibt z.B. getrocknete Mangostücke oder Cranberrys nach dem Backen dazu.

French-Toast

MIT WARMER NEKTARINE UND AHORNSIRUP-SAHNE

ZUBEREITUNG CA. 20 MINUTEN

FÜR 2 PERSONEN

- 1 EI (GRÖSSE M)
- 100 ML VOLLMILCH
- 2 EL ZUCKER
- 1 PCK. VANILLEZUCKER
- 1 PRISE ZIMT
- 4 SCHEIBEN KASTENWEISSBROT
- 2 EL BUTTER
- 2 NEKTARINEN
- 100 ML SAHNE
- 1 EL AHORNSIRUP

Das Ei aufschlagen und in einer Schüssel mit Milch, Zucker, Vanillezucker und Zimt mit einem Schneebesen kräftig verrühren.

Die Brotscheiben einzeln mit der Eiermilch übergießen und kurz einweichen lassen.

Butter in einer Pfanne erhitzen. Die getränkten Toastbrotscheiben hineinlegen und bei mittlerer Hitze nacheinander goldbraun braten.

Nektarinen waschen, trocknen, klein schneiden und kurz mit in die Pfanne geben.

Sahne steif schlagen und mit Ahornsirup süßen.

French-Toast noch warm mit den lauwarmen Nektarinen und der Ahornsirup-Sahne servieren.

TIPP

Statt der Sahne einfach mit Puderzucker bestäuben oder mit Ahornsirup begießen.

Avocado-Smash-Stulle

MIT POCHIERTEM EI

ZUBEREITUNG CA. 15 MINUTEN

FÜR 2 PERSONEN

- ½ SALATGURKE
- 2 SCHEIBEN SAUERTEIGBROT
- 4 EL CHILI-MAYONNAISE
- 1 AVOCADO
- SALZ
- PFEFFER
- 1 SPRITZER LIMETTENSAFT
- 1 EL ESSIG
- 2 EIER
- 1 TL CHILIFLOCKEN

Salatgurke waschen, schälen und in Scheiben schneiden. Sauerteigbrot kurz im Toaster oder in einer Pfanne anrösten, mit je 1 EL Chili-Mayonnaise bestreichen und mit den Gurkenscheiben belegen.

Die Avocado waschen, halbieren und den Kern vorsichtig herauslösen. Das Fruchtfleisch mit einem Löffel entnehmen und in einer Schüssel grob mit einer Gabel zerdrücken. Mit Salz, Pfeffer und einem Spritzer Limettensaft würzen und gleichmäßig auf den Gurkenscheiben verteilen.

Für die pochierten Eier Wasser mit dem Essig und einer Prise Salz in einem kleinen Topf zum Sieden bringen. Eier aufschlagen und einzeln in eine Suppenkelle oder eine kleine Tasse geben. Das Wasser im Topf mit einem Schneebesen kräftig im Kreis rühren, bis ein Strudel entsteht. Ein Ei direkt in den Strudel hineingleiten lassen, ca. 4–5 Minuten garen, mit einer Schaumkelle herausnehmen und abtropfen lassen. Mit dem zweiten Ei genauso verfahren und anschließend jeweils auf dem Avocadomus platzieren und salzen. Restliche Chilimayonnaise darübergeben und mit Chiliflocken bestreuen.

TIPP

Als Topping passen klein geschnittene Cherry-Tomaten oder roter Spitzpaprika dazu.

Toast-Muffins
MIT SPINAT, EI UND BACON

ZUBEREITUNG CA. 25 MINUTEN

FÜR 4 MUFFINS

- BUTTER ZUM EINFETTEN
- 4 TOASTBROTSCHEIBEN
- 4 SCHEIBEN BACON
- 16 BABY-SPINATBLÄTTER
- 4 EIER (GRÖSSE S)
- SALZ
- PFEFFER
- KRESSE ZUR DEKORATION

AUSSERDEM

- MUFFINBLECH

Den Backofen auf 200 °C Ober-/Unterhitze vorheizen.

Die Mulden des Muffinblechs mit etwas Butter einfetten. Die Toastbrotscheiben in die Mulden drücken, leicht geformt wieder herausnehmen, jeweils außen mit einer Scheibe Bacon umwickeln und wieder in die Muffin-Mulden setzen.

Den Blattspinat waschen, trocknen und jeweils 4 Blätter in die Toastbrotmulde legen. Die Eier aufschlagen und jeweils eines in eine Toastbrotmulde gleiten lassen. Kräftig mit Salz und Pfeffer würzen und für 12–15 Minuten in der Mitte des Backofens fertig garen.

Die Muffins mit einem Löffel vorsichtig aus der Form lösen, mit Kresse bestreuen und noch heiß servieren.

TIPP

Statt mit einem ganzen Ei können die Muffins auch mit gerührtem Ei gefüllt und zusätzlich noch mit geriebenem Käse bestreut werden.

Haselnuss-
SCHOKO-CREME

ZUBEREITUNG CA. 30 MINUTEN

FÜR CA. 500 ML

- 80 G ZUCKER
- 80 ML WASSER
- 200 G HASELNÜSSE OHNE SCHALE
- 1 VANILLESCHOTE
- 200 G ZARTBITTER-
  SCHOKOLADE 60 %
- 1 EL KOKOSÖL

AUSSERDEM

- KÜCHENMASCHINE
- 2 VERSCHLIESSBARE, STERILE
  GLÄSER À 250 ML

Zucker mit Wasser in einer Pfanne erhitzen und zum Kochen bringen. Die Haselnüsse hinzugeben, umrühren, gleichmäßig mit der Zuckermischung bedecken und mit einem Kochlöffel rühren, bis sich der Zucker an den Nüssen abgesetzt hat. Die karamellisierten Haselnüsse auf Backpapier verteilen, trocknen und vollständig abkühlen lassen. Die fertigen Nüsse in einer Küchenmaschine sehr fein hacken.

Die Vanilleschote längs halbieren und das Mark herauskratzen. Die Schokolade über einem Wasserbad schmelzen, Kokosöl und Vanillemark hinzugeben und alles gründlich vermengen. Die Schokoladenmasse zu den Haselnüssen in die Küchenmaschine geben und für 2 Minuten rühren.

In die bereitgestellten Gläser abfüllen und fest verschließen.

TIPP

Schmeckt nicht nur auf Brötchen zum Frühstück,
sondern auch als Belag auf Himbeerpizza (Rezept Seite 138).

»Finde die Person, die dir vollkommene Freude bereitet.«

BARACK

MICHELLE UND BARACK OBAMA

Eine Liebe, die unter strenger Beobachtung von außen steht, muss besonders stark sein. Die Ehe von Barack und Michelle Obama ist ein Beispiel dafür, wie man ein Gleichgewicht zwischen Alltags- und Arbeitstrubel und Zeit zu zweit finden kann.

Das Paar lernte sich 1989 in einer Kanzlei in Chicago kennen – Barack absolvierte dort ein Praktikum und Michelle war seine Mentorin.

Nach drei Jahren gaben sie sich das Ja-Wort. 1998 und 2001 vervollständigten ihre Töchter das Familienglück. Mit seiner politischen Karriere und zweifachen US-Präsidentschaft kam eine schwierige Zeit auf die beiden zu, doch ihre Liebe und Ehe hielt stand. Viele Fotografien zeigen das Dreamteam sich umarmend, zärtliche Gesten austauschend, sich küssend und glücklich strahlend. Was ist ihr Geheimrezept?

An erster Stelle steht, sich Zeit füreinander zu nehmen. Offen zeigen die Obamas ihre Zuneigung, was bestimmt nicht immer einfach war. Es muss eine aufrichtige Partnerschaft sein und man muss die Person, mit der man verheiratet ist, wahrhaftig mögen und respektieren, um gemeinsam Höhen und Tiefen überwinden zu können. Ihr Tipp: Date Nights. Mit regelmäßigen Abenden für sich können die beiden gemeinsame Zeit finden, um den Stress hinter sich zu lassen und sich aufeinander konzentrieren.

Am liebsten gehen die Obamas dafür zum Abendessen aus, sodass sie sich auch in die Augen schauen können. Denn: Liebe geht bekanntlich durch den Magen.

Dinner

FÜR ZWEI

MIT DREI GÄNGEN INS HERZ

Gin & Soda

MIT ROSA GRAPEFRUITSAFT UND HOLUNDERBLÜTENSIRUP

ZUBEREITUNG CA. 5 MINUTEN

FÜR 2 GLÄSER

- ½ PINKE GRAPEFRUIT
- 6–8 EISWÜRFEL
- 8 CL GIN
- 6 CL ZITRONENSAFT
- 4 CL HOLUNDERBLÜTENSIRUP
  (REZEPT SEITE 44)
- SODAWASSER ZUM AUFFÜLLEN
- 6 WACHOLDERBEEREN
- 2 ROSMARINZWEIGE

AUSSERDEM

- SHAKER

Die Gläser eine halbe Stunde vor dem Servieren ins Tiefkühlfach stellen.

Die halbe Grapefruit auspressen und den Saft mit den Eiswürfeln, dem Gin, dem Zitronensaft und dem Holunderblütensirup in einen Shaker geben, fest verschließen und gut schütteln.

Auf zwei Gläser verteilen und mit Sodawasser auffüllen. Mit Wacholderbeeren und Rosmarinzweigen dekorieren.

TIPP

Für einen Gin Fizz einfach den Grapefruitsaft weglassen und etwas mehr Zitronensaft zugeben.

HOLUNDERBLÜTENSIRUP

ZUBEREITUNG CA. 15 MINUTEN, **ZIEHZEIT** 3 TAGE

FÜR CA. 750 ML

- 15 HOLUNDERBLÜTENDOLDEN
- 1 BIO-ZITRONE
- 500 ML WASSER
- 500 G ZUCKER

AUSSERDEM

- STERILISIERTE FLASCHEN
  ZUM ABFÜLLEN
- PASSIERTUCH

Die Holunderblütendolden gut ausschütteln und sorgfältig von kleinen Insekten befreien. Die groben Stiele abschneiden. Die Dolden vorsichtig waschen und in eine große Schale geben.

Die Zitrone waschen, trocken reiben und die Schale in Zesten reißen. Anschließend halbieren, auspressen und den Saft mit den Zitronenzesten, dem Wasser und dem Zucker in einen Topf geben, aufkochen und leise köcheln lassen, bis sich der Zucker aufgelöst hat. Heiß über die Dolden gießen, etwas abkühlen lassen, die Schüssel abdecken und die Mischung 3 Tage ziehen lassen.

Ein Sieb mit einem Passiertuch ausschlagen und den Sirup dadurch in einen Topf abseihen. Den Holunderblütensirup aufkochen, nochmals ca. 30 Minuten leise köcheln lassen, heiß in die vorbereiteten Flaschen abfüllen und fest verschließen.

Kühl und dunkel aufbewahren.

TIPP

Holunderblütensirup schmeckt nicht nur im Weißbier-Hugo (Rezept Seite 46) oder im Gin & Soda (Rezept Seite 42), sondern auch in Sekt, Weißwein oder ganz einfach mit Mineralwasser.

Weißbier-Hugo

MIT MINZE

ZUBEREITUNG CA. 5 MINUTEN

FÜR 2 GLÄSER

- 12 EISWÜRFEL
- 4 EL HOLUNDERBLÜTENSIRUP
  (REZEPT SEITE 44)
- 100 ML ZITRONENLIMONADE
- 2 STIELE MINZE
- 1 BIO-ZITRONE
- 500 ML WEISSBIER

Eiswürfel mit Holunderblütensirup und Zitronenlimonade in die Gläser geben.

Minze waschen, trocken schütteln und die Stiele in die Gläser stecken. Zitrone waschen, trocken reiben und halbieren. Eine Zitronenhälfte auspressen und den Saft auf die Gläser verteilen.

Die Gläser mit Weißbier auffüllen. Die andere Zitronenhälfte vierteln, in die Gläser geben und diese sofort servieren.

TIPP

Der Weißbier-Hugo schmeckt auch mit alkoholfreiem Weißbier oder Kristallweizen.

Artischocken

MIT RADIESCHEN-DIP

ZUBEREITUNG CA. 35–45 MINUTEN

FÜR 2 PERSONEN

FÜR DIE ARTISCHOCKEN

- 1 BIO-ZITRONE
- 2 TL SALZ
- 1 LORBEERBLATT
- 2 ARTISCHOCKEN

FÜR DEN RADIESCHEN-DIP

- 1 SCHALOTTE
- 2 EL MILDER WEISSWEINESSIG
- 1 TL DIJON-SENF
- 1 TL HONIG
- ½ SEHR FRISCHES EIGELB
- 5 EL OLIVENÖL
- SALZ
- FRISCH GEMAHLENER PFEFFER
- 2–3 RADIESCHEN

Für die Artischocken die Zitrone waschen, trocken reiben und halbieren. Eine halbe Zitrone auspressen. Die andere Hälfte in Scheiben schneiden. Einen Topf, in dem später beide Artischocken nebeneinander Platz finden, mit reichlich Wasser füllen, Zitronensaft, Salz und Lorbeerblatt dazugeben und zum Kochen bringen.

Die Artischocken waschen und den Stiel abschneiden. Trockene, äußere Blätter abzupfen, das obere Drittel der Blätter abschneiden und die Artischocken sofort in den Kochtopf geben. Jeweils eine Zitronenscheibe auf die Artischocken legen. Die restlichen Scheiben mit ins Kochwasser geben. Mit geschlossenem Deckel 30–40 Minuten leise köcheln lassen. Sie sind gar, wenn sich die Blätter leicht herauslösen lassen. Nach 30 Minuten eine Probe machen und ggf. weitergaren.

In der Zwischenzeit für den Dip die Schalotte schälen, sehr fein hacken und mit Weißweinessig, Dijon-Senf und Honig verrühren. Das halbe Eigelb dazugeben. Das Olivenöl nach und nach unter kräftigem Rühren zugießen und aufschlagen, bis sich eine cremige Masse gebildet hat. Wer es feiner mag, nimmt den Stabmixer zur Hilfe. Die Sauce mit Salz und Pfeffer abschmecken. Die Radieschen waschen, putzen, fein hacken und untermischen.

Die fertigen Artischocken mit einer Schöpfkelle aus dem Wasser heben, abtropfen lassen, auf zwei Tellern platzieren und den Dip zur Artischocke servieren.

Zum Verzehren die Blätter nach und nach abzupfen, das untere, fleischige Ende in die Vinaigrette dippen und mit den Zähnen abziehen. Das Artischockenherz von den Härchen befreien und wie die Blätter in die Vinaigrette dippen.

Ziegenkäse-Bruschetta
MIT FEIGEN, HONIG & GERÖSTETEN HASELNÜSSEN

ZUBEREITUNG CA. 15 MINUTEN

FÜR 2 PERSONEN

- 4 SCHEIBEN CIABATTA
- 1 EL OLIVENÖL
- 100 G ZIEGENFRISCHKÄSE
- SALZ
- FRISCH GEMAHLENER PFEFFER
- 1 SPRITZER ZITRONENSAFT
- 1–2 REIFE FEIGEN
- 1 EL BUTTER
- 6 ROSMARINNADELN
- 2 EL HONIG
- 1 EL GERÖSTETE, GEHACKTE HASELNÜSSE

Ciabatta-Scheiben in einer Pfanne in Olivenöl kurz von beiden Seiten rösten.

Ziegenfrischkäse mit Salz, frisch gemahlenem Pfeffer und einem Spritzer Zitronensaft würzen und auf den gerösteten Brotscheiben verteilen.

Feigen waschen, trocken tupfen, vierteln und in einer Pfanne kurz in Butter anbraten. Rosmarinnadeln waschen, trocknen, sehr fein hacken, mit Honig und gehackten Haselnüssen in die Pfanne geben und kurz mitbraten. Feigen auf den mit Ziegenfrischkäse bestrichenen Ciabatta-Scheiben verteilen.

TIPP
Statt der gehackten Haselnüsse passen auch geröstete Pinienkerne.

Büffelmozzarella
MIT GESCHMOLZENEN TOMATEN

ZUBEREITUNG CA. 15 MINUTEN

FÜR 2 PERSONEN

- 130 G BÜFFELMOZZARELLA
- 16 KLEINE CHERRY-TOMATEN
- 2 KNOBLAUCHZEHEN
- 1 EL PINIENKERNE
- 1 HANDVOLL BASILIKUMBLÄTTER
- 2–3 EL OLIVENÖL
- 1 TL ZUCKER
- SALZ
- FRISCH GEMAHLENER PFEFFER

Die Mozzarella-Kugel auf einen Teller – zum Teilen – platzieren oder halbieren und die Hälften jeweils auf einen Teller legen.

Die Cherry-Tomaten waschen und trocken tupfen. Die Knoblauchzehen schälen und in sehr feine Scheiben schneiden. Pinienkerne in der Pfanne kurz rösten und beiseitestellen. Basilikumblätter waschen, trocken tupfen und in feine Streifen schneiden.

Olivenöl in einer Pfanne leicht erhitzen, Knoblauchscheiben zugeben und andünsten. Tomaten zugeben, mit dem Zucker bestreuen und karamellisieren lassen. Tomaten von allen Seiten gleichmäßig braten, bis sie aufplatzen, der Saft der Tomaten leicht ausläuft und sich mit dem Öl verbindet. Mit Salz und Pfeffer abschmecken.

Tomaten auf dem Mozzarella verteilen, mit den gerösteten Pinienkernen und klein geschnittenen Basilikumblättern bestreuen. Dazu passt Baguette.

TIPP
Diese Portionsgröße ist als Vorspeise gedacht. Sie kann aber auch als vegetarische Hauptspeise in doppelter Menge serviert werden.

Zuppa d'amore

KAROTTENSUPPE MIT BLÄTTERTEIG-HERZCHEN

ZUBEREITUNG CA. 35 MINUTEN

FÜR 2 PERSONEN

FÜR DIE BLÄTTERTEIGHERZEN

- 1 SCHEIBE BACKFERTIGER BLÄTTERTEIG (CA. 75 G)
- 1 EIGELB
- SESAMKÖRNER ZUM BESTREUEN

FÜR DIE SUPPE

- 1 SCHALOTTE
- 1 EL BUTTER
- 150 G KAROTTEN
- 400 ML GEMÜSEFOND
- 1 TL GERIEBENER FRISCHER INGWER
- SALZ
- FRISCH GEMAHLENER PFEFFER
- SAFT EINER HALBEN ORANGE
- 100 ML SAHNE
- 1 EL GEHACKTE PETERSILIE

AUSSERDEM

- HERZAUSSTECHER
- STABMIXER

Den Backofen auf 200 °C Ober-/Unterhitze vorheizen.

Für die Blätterteigherzen aus dem Teig mit einer Ausstechform kleine Herzen stechen und auf einem mit Backpapier ausgelegtem Backblech platzieren. Die Herzen mit Eigelb bestreichen und mit Sesamkörnern bestreuen. In der Mitte des Backofens nach Packungsanweisung ca. 10–12 Minuten backen und auf dem Blech abkühlen lassen.

Für die Suppe die Schalotte schälen und klein würfeln. Die Butter in einem Topf erhitzen und die Schalotten darin glasig dünsten. Die Karotten waschen, schälen, klein schneiden und 4–5 Minuten mitdünsten. Mit Gemüsefond aufgießen, geriebenen Ingwer zugeben, den Topf schließen und 20 Minuten leise köcheln lassen.

Mit dem Stabmixer pürieren, mit Salz und Pfeffer abschmecken und den Orangensaft angießen. Die Sahne steif schlagen, die Hälfte zur Suppe geben, die Suppe mit dem Stabmixer aufschäumen und auf die Teller verteilen. Die restliche Sahne auf der Suppe verteilen, mit Petersilie bestreuen und die Blätterteig-Herzen darauflegen oder dazu reichen.

TIPP

Statt Blätterteig kann man auch zwei Toastbrotscheiben toasten und daraus Herzen ausstechen oder -schneiden.

Rinderfilet
MIT WÜRZIGER ESTRAGONSAUCE

ZUBEREITUNG CA. 50 MINUTEN, **KÜHLZEIT** MIND. 2 STUNDEN

FÜR 2 PERSONEN

FÜR DIE ESTRAGONSAUCE

- 2 SCHALOTTEN
- 1 SARDELLENFILET
- 1 ZWEIG FRISCHER ESTRAGON
- 100 G WEICHE BUTTER
- 1 TL FEINE KAPERN
- 1 TL DIJON-SENF
- 2 EL TOMATENKETCHUP
- 1 TL COGNAC
- 1 SPRITZER WORCESTERSAUCE
- SALZ
- FRISCH GEMAHLENER PFEFFER
- 80 ML SAHNE

FÜR DIE RINDERFILETS

- 1 KNOBLAUCHZEHE
- 2 RINDERFILETS À CA. 200 G
- OLIVENÖL
- 1 EL KALTE BUTTER

AUSSERDEM

- STABMIXER

Für die Estragonsauce die Schalotten schälen und fein hacken. Das Sardellenfilet abwaschen, trocken tupfen und klein schneiden. Den Estragonzweig waschen, trocken tupfen, die Blätter abzupfen und klein schneiden. Beides zur Butter geben und mit Kapern, Dijon-Senf, Tomatenketchup, Cognac und Worcestersauce vermischen. Mit Salz und Pfeffer würzen, mit dem Stabmixer zu einer geschmeidigen Masse pürieren und die Estragonbutter im Kühlschrank mindestens 2 Stunden durchziehen lassen.

Für die Rinderfilets den Backofen auf 100 °C Ober-/Unterhitze vorheizen.

Die Knoblauchzehe schälen. Das Fleisch waschen, trocken tupfen und mit Olivenöl einreiben. Eine Pfanne erhitzen, die Steaks hineinlegen und 2 Minuten von jeder Seite anbraten. Die Temperatur auf mittlere Hitze reduzieren, Butter und Knoblauchzehe hinzugeben und das Fleisch nochmals von jeder Seite 1 Minute braten. Dabei die Steaks immer wieder mit der flüssigen Butter begießen. Das Fleisch in eine feuerfeste Form legen und in der Mitte des warmen Ofens 10–15 Minuten ruhen lassen.

Für die Sauce die Sahne in einem Topf erwärmen, die fertig gemischte Estragonbutter dazugeben und kurz aufkochen lassen. Mit dem Stabmixer nochmals aufschäumen und über das Rinderfilet geben.

Dazu passen Rosmarinkartoffeln und Gemüse.

TIPP
Die Sauce schmeckt auch zu Geflügel oder einfachen Frikadellen.

Tagliatelle
MIT KREBSFLEISCH IN WERMUT-SAHNE-SAUCE

ZUBEREITUNG CA. 45 MINUTEN

FÜR 2 PERSONEN

- 4 SCHALOTTEN
- 1 EL BUTTER
- 1 EL MEHL
- 100 ML WERMUT
- 300 ML FISCHFOND
- 200 ML SAHNE
- 200 G TAGLIATELLE
- SALZ
- 1 SPRITZER ZITRONE
- FRISCH GEMAHLENER PFEFFER
- 150 G VORGEGARTES
  FLUSSKREBSFLEISCH
- 6 BASILIKUMBLÄTTER

AUSSERDEM

- STABMIXER

Für die Sauce die Schalotten schälen und fein hacken. Die Butter in einer kleinen Pfanne erhitzen und die Schalotten darin glasig dünsten. Mit Mehl bestäuben, unterrühren und kurz mit anschwitzen. Wermut zugießen, aufkochen und um die Hälfte reduzieren. Fischfond und Sahne zugeben und bei mittlerer Hitze 20 Minuten leicht sprudelnd köcheln lassen.

Die Tagliatelle in einem Topf in kochendem Salzwasser nach Packungsanweisung bissfest garen.

Die Sauce mit Zitronensaft, Salz und Pfeffer abschmecken und mit einem Stabmixer aufschlagen. Das Krebsfleisch in die heiße Sauce geben und kurz durchziehen lassen.

Die Tagliatelle abgießen, auf zwei Tellern verteilen und mit der Wermut-Sahne-Sauce begießen. Die Basilikumblätter waschen, trocknen, in Streifen schneiden und über die Tagliatelle streuen.

TIPPS

Dieses Gericht kann natürlich auch mit frischen Krebsschwänzen zubereitet werden. Wermut lässt sich auch durch Sekt, Prosecco oder sogar Champagner ersetzen.

In Milch geschmorte
HÄHNCHENSCHENKEL AUS DEM OFEN

ZUBEREITUNG CA. 20 MINUTEN, **SCHMORZEIT** CA. 90 MINUTEN

FÜR 2 PERSONEN

- 1 EL OLIVENÖL
- 2 HÄHNCHENSCHENKEL À CA. 250 G
- 8 KLEINE SCHALOTTEN
- SALZ
- FRISCH GEMAHLENER PFEFFER
- 3 ZWEIGE THYMIAN
- 250 ML VOLLMILCH
- 150 ML HÜHNERFOND
- 3 EL DIJON-SENF
- 1 EL GROBER SENF
- ½ TL SENFPULVER
- 2 SCHEIBEN BIO-ZITRONE
- 1 FENCHELKNOLLE
- 2 EL GEHOBELTE MANDELN

Den Backofen auf 200 °C Ober-/Unterhitze vorheizen.

Olivenöl in einer Pfanne erhitzen, die Hähnchenschenkel darin von allen Seiten ca. 8–10 Minuten bei mittlerer Hitze anbraten. Die Schalotten schälen, im Ganzen in die Pfanne geben und kurz mitbraten. Die Hähnchenschenkel mit der Hautseite nach oben zusammen mit den Schalotten in eine ofenfeste Form legen. Die Hähnchenteile salzen und pfeffern.

Die Thymianzweige waschen, trocken tupfen und die Blätter abzupfen. In einem kleinen Topf die Milch mit dem Hühnerfond erhitzen und vom Herd nehmen. Senf und Senfpulver einrühren, Thymianblättchen einstreuen und mit Salz und Pfeffer würzen. Die Zitronenscheiben halbieren, mit der Milch zum Huhn geben und das Fleisch in der Mitte des Backofens ca. 1 Stunde garen.

Währenddessen die Fenchelknolle putzen, waschen und in Streifen schneiden. Das Fenchelgrün abschneiden und zur Dekoration beiseitestellen. Die Fenchelknolle mit in die Auflaufform geben und weitere 30 Minuten garen. Zwischendurch die Hähnchenschenkel immer wieder mit der Senfmilch begießen.

Die Mandelhobel in einer Pfanne ohne Fett goldbraun rösten.

Vor dem Servieren die Hähnchenschenkel aus der Sauce nehmen. Die Sauce mit Salz und Pfeffer abschmecken, die Zitronenscheiben entfernen und die Sauce kurz aufkochen. Die Hähnchenschenkel mit der Sauce servieren, mit dem Fenchelgrün und den gerösteten Mandelhobeln bestreuen.

Dazu passen Baguette oder Kartoffeln.

Erbsen-Risotto
MIT TOMATEN-CHUTNEY

ZUBEREITUNG CA. 30 MINUTEN

FÜR 2 PERSONEN

- 180 G GEPALTE ERBSEN
- 1 ZWIEBEL
- 1 EL OLIVENÖL
- SALZ
- FRISCH GEMAHLENER PFEFFER
- ½ ZITRONE
- 1 SCHALOTTE
- 2 EL KALTE BUTTER
- 150 G RISOTTOREIS
- 50 ML WEISSWEIN
- 500 ML GEMÜSEFOND
- 40 G GERIEBENER PARMESAN
- 4 EL TOMATEN-CHUTNEY
  (REZEPT SEITE 64)

Die Erbsen waschen, in einem Topf mit ungesalzenem Wasser ca. 3–5 Minuten gar kochen, abgießen und kalt abschrecken. Die Zwiebel schälen, fein hacken und in Olivenöl in einem Topf andünsten. Die gekochten Erbsen zugeben und ca. 3 Minuten mitdünsten. Anschließend mit einem Stabmixer pürieren und mit Salz und frisch gemahlenem Pfeffer würzen. Die halbe Zitrone auspressen und das Erbsenpüree mit dem Saft abschmecken.

Für das Risotto die Schalotte schälen, fein hacken und in einem Topf mit 1 EL Butter leicht andünsten. Risottoreis dazugeben, gut umrühren, bis alle Reiskörner fettig sind. Mit Weißwein ablöschen und leicht köcheln lassen, bis der Wein verdampft ist.

Gemüsefond erhitzen und nach und nach dazugeben. Der Reis sollte gerade eben damit bedeckt sein. Immer wieder umrühren und Fond nachgießen.

Nach 15–18 Minuten die Temperatur deutlich reduzieren, probieren und mit Salz und Pfeffer abschmecken. Topf vom Herd nehmen, Erbsenpüree und Parmesan untermischen.

Zum Schluss die restliche Butter unterrühren und mit kaltem Tomaten-Chutney (Rezept Seite 64) servieren.

TIPP
Statt der frischen Erbsen können auch tiefgekühlte verwendet werden.

Tomaten-Chutney
MIT INGWER UND OREGANO

ZUBEREITUNG CA. 40 MINUTEN

FÜR CA. 250 ML

- 200 G AROMATISCHE TOMATEN
- 1 KNOBLAUCHZEHE
- 1 SCHALOTTE
- ½ ROTE CHILISCHOTE
- 1 ZWEIG OREGANO
- 1 EL OLIVENÖL
- 1 TL FEIN GERIEBENER INGWER
- 2 EL TOMATENKETCHUP
- 50 ML HIMBEERESSIG
- 1 EL DUNKLER BALSAMICO
- 50 ML GEMÜSEFOND
- 2 EL HONIG
- ½ TL SENFPULVER
- SALZ
- FRISCH GEMAHLENER PFEFFER
- 6 FRISCHE BASILIKUMBLÄTTER

AUSSERDEM

- 1 VERSCHLIESSBARES,
  STERILES GLAS À 250 ML

Die Tomaten 2 Minuten in heißes Wasser legen, kalt abschrecken, häuten und vierteln. Die Samen entfernen, durch ein kleines Sieb in eine Schüssel passieren und den Saft auffangen. Das Fruchtfleisch der Tomaten in kleine Würfel schneiden. Knoblauch und Schalotte schälen und sehr fein hacken. Chilischote putzen, waschen und fein würfeln.

Oregano waschen, trocken tupfen und die Blättchen abzupfen. Olivenöl in einem Topf erhitzen, Knoblauch, Schalotten und Chili darin dünsten. Ingwer und Tomatenwürfel dazugeben und kurz mit anschwitzen. Den aufgefangenen Tomatensaft mit Ketchup, Himbeeressig, Balsamico, Gemüsefond, Honig und Senfpulver dazugeben. Salzen, pfeffern, Oregano einstreuen, alles gut vermischen und zugedeckt 30 Minuten leise köcheln lassen.

Basilikumblätter waschen, trocknen, in feine Streifen schneiden und kurz vor Ende der Garzeit zufügen.

Tomaten-Chutney abkühlen lassen, in ein Glas abfüllen und z.B. zum Erbsen-Risotto (Rezept Seite 62) oder zu Käse servieren.

TIPPS

Einfach die doppelte Menge herstellen, in schöne Gläser abfüllen und verschenken. Statt Himbeeressig den selbstgemachten Granatapfelkernessig (Rezept Seite 154) verwenden. Statt des frischen Oregano kann man auch getrockneten verwenden.

Eiskalte Joghurt-Honig-
BANANENCREME MIT MARACUJA

ZUBEREITUNG CA. 10 MINUTEN, **TIEFKÜHLZEIT** MIND. 2 STUNDEN

FÜR 2 PERSONEN

- 2 REIFE BANANEN
- 75 G GRIECHISCHER JOGHURT
- 2 EL HONIG
- 2 MARACUJAS

Die Bananen schälen, in Scheiben schneiden und, nebeneinander auf einen Teller platziert, für mindestens 2 Stunden in den Tiefkühlschrank legen.

Joghurt und Honig in einen Mixer geben. Die Maracujas waschen, trocken reiben und halbieren. Zwei Hälften durch ein Sieb direkt zum Joghurt passieren. Die tiefgekühlten Bananenscheiben kurz antauen lassen, dazugeben und zu einer cremigen, sämigen Eismasse pürieren.

Auf zwei Schälchen verteilen, mit dem Fruchtfleisch der übrigen Maracujahälften garnieren und sofort servieren.

TIPP

Zur Abwechslung schmecken statt Maracuja z.B. auch pürierte Himbeeren oder Mango.

Vanille-Quarkspeise
MIT GRANATÄPFELN & GERÖSTETEN MANDELN

ZUBEREITUNG CA. 20 MINUTEN

FÜR 2 PERSONEN

FÜR DIE GERÖSTETEN MANDELN

* 1 EL BUTTER
* 2 EL ZUCKER
* 50 G MANDELHOBEL

FÜR DIE QUARKSPEISE

* 100 ML SAHNE
* 1 VANILLESCHOTE
* 125 G QUARK (20 %)
* 80 G DOPPELRAHM-FRISCHKÄSE
* 30 G ZUCKER
* 1 GRANATAPFEL

Für die gerösteten Mandeln die Butter in einer kleinen Pfanne erhitzen, Zucker und Mandelhobel zugeben und diese goldbraun rösten. Aus der Pfanne nehmen, trocknen und abkühlen lassen.

Für die Quarkspeise die Sahne in einer kleinen Schüssel steif schlagen. Die Vanilleschote längs halbieren und das Mark herauskratzen. Quark mit Frischkäse, Zucker und Vanillemark gut durchmischen. Die geschlagene Sahne unterziehen und die Masse auf zwei kleine Schälchen verteilen.

Den Granatapfel entkernen und die Kerne auf der Creme verteilen.

Kurz vor dem Servieren die Mandelhobel auf den Granatapfelkernen verteilen.

TIPPS

Dieses Dessert lässt sich problemlos für viele Gäste vorbereiten. Statt der Vanilleschote kann man auch einfach ein Päckchen Vanillezucker verwenden.

Feurige Schokoküchlein
MIT FLÜSSIGEM KERN

ZUBEREITUNG CA. 30 MINUTEN, **KÜHLZEIT** MIND. 12 STUNDEN

FÜR 2 KÜCHLEIN

- BUTTER ZUM AUSFETTEN
- MEHL ZUM BESTÄUBEN
- 1 EI
- 1 EIGELB
- 40 G ZUCKER
- 50 G ZARTBITTER-SCHOKOLADE 70 %
- 50 G KALTE BUTTER
- 40 G MEHL
- 1 PRISE SALZ
- 1 PRISE CAYENNEPFEFFER
- PUDERZUCKER ZUM BESTÄUBEN

AUSSERDEM
2 FEUERFESTE FÖRMCHEN

Die Förmchen leicht mit Butter auspinseln und mit etwas Mehl bestäuben.

Das Ei mit dem Eigelb und dem Zucker in einer Schüssel mit dem Handrührgerät ca. 2 Minuten cremig aufschlagen.

Die Zartbitterschokolade klein hacken und über einem Wasserbad schmelzen. Dabei nicht zu heiß werden lassen – die Schokolade soll gerade so schmelzen. Die Butter in kleine Würfel schneiden und unter die flüssige Schokolade rühren. Die Schokoladenmasse unter die Eiercreme heben. Mehl sieben, mit je einer Prise Salz und Cayennepfeffer würzen, zur Schokoladenmasse geben und kräftig mischen.

Die Masse in die vorbereiteten Förmchen füllen und über Nacht oder mindestens 12 Stunden in das Tiefkühlfach stellen.

Backofen auf 200 °C Ober-/Unterhitze vorheizen.

Die Förmchen in der Mitte des Backofens ca. 15–18 Minuten backen, etwas abkühlen lassen, aus der Form lösen und mit Puderzucker bestäubt servieren. In der Mitte sind die Schokoküchlein noch cremig bis flüssig.

TIPPS
Dazu schmeckt eine Kugel Vanilleeis. Das Rezept lässt sich auch gut für mehrere Personen vorbereiten. Dafür einfach die Menge entsprechend vervielfältigen. Wer keine Förmchen hat, kann auch ein Muffin-Blech verwenden.

»Wann ich wusste, dass sie die Richtige ist? Das allererste Mal, als wir uns getroffen haben.«

HARRY

PRINZ HARRY UND MEGHAN MARKLE

Die Liebesgeschichte von Meghan Markle und Prinz Harry klingt wie ein Märchen. Die Schauspielerin und der heiß begehrte Prinz lernten sich durch eine gemeinsame Freundin kennen. Für Harry war es Liebe auf den ersten Blick. Nach ihrem ersten Treffen unternahmen sie viel zusammen und lernten sich kennen und lieben. Unter anderem reisten sie zusammen in Botswana umher und campten unter freiem Sternenhimmel.

Die Gerüchteküche brodelte, und vor allem für Meghan war es nicht einfach, da viele Harry-Fans sie nicht akzeptierten. Doch da ihnen ihre Privatsphäre sowie die gemeinsame Zeit sehr wichtig waren, gelangten kaum nähere Informationen an die Öffentlichkeit. Sie steckten all ihre Energie in ihre frische Beziehung und nicht in Reaktionen auf die heftige Kritik. Gegenseitiger Respekt ist für sie das höchste Gebot.

Was darauf folgte, ist allbekannt: eine Verlobung, die in wunderschönen Fotografien bekannt gegeben und festgehalten wurde.

Der Antrag selbst war für Meghan eine Überraschung: „Es war so süß und so natürlich und sehr romantisch." Harry ist also ein wahrer Prinz Charming.

Im Mai 2018 folgte ihre Traumhochzeit und im Jahr darauf ihr erster gemeinsamer Sohn. Eine Geschichte, wie man sie sich nur wünschen kann. Seit der Bekanntgabe ihrer Beziehung ist die Liebe und Zuneigung, die Meghan und Harry füreinander empfinden, nicht zu übersehen – sie strahlen vor Glück! Es lohnt sich also, sich von Anfang an voll und ganz auf die Beziehung zu konzentrieren.

Frisch verliebt
UND GUT ANGEMACHT

KNACKIGE SALATE FÜR JEDE GELEGENHEIT

Caesar-Salat
MIT TERIYAKI-HÜHNCHEN

ZUBEREITUNG CA. 40 MINUTEN

FÜR 2 PERSONEN

FÜR DAS TERIYAKI-HUHN

- 60 ML SOJASAUCE
- 60 ML REISWEIN
- 60 ML + 1 EL WASSER
- 125 ML GEFLÜGELFOND
- 40 G ZUCKER
- 1 EL SPEISESTÄRKE
- 300 G HÄHNCHENBRUSTFILET
- 1 KNOBLAUCHZEHE
- 10 G GERIEBENER FRISCHER INGWER
- 2 EL OLIVENÖL

FÜR DEN CAESAR-SALAT

- 1–2 KLEINE RÖMERSALATHERZEN
- 5 EL MAYONNAISE
- 2 EL SAURE SAHNE
- 2 TL GROBER SENF
- 1 TL MITTELSCHARFER SENF
- ½ SARDELLE
- 1 KNOBLAUCHZEHE
- 30 G PARMESANKÄSE
- 1 SPRITZER ZITRONE
- 1–2 TL KALTES WASSER
- SALZ
- FRISCH GEMAHLENER PFEFFER

Für die Teriyaki-Sauce Sojasauce mit Reiswein, 60 ml Wasser, Geflügelfond und Zucker in einem Topf erhitzen und 20 Minuten leise köcheln lassen. Speisestärke in 1 EL kaltem Wasser auflösen und die Sauce damit sämig binden.

Die Hähnchenbrustfilets waschen, trocken tupfen und in Streifen schneiden. Die Knoblauchzehe schälen, pressen, mit dem Ingwer, dem Olivenöl und dem Fleisch mischen und für ca. 30 Minuten im Kühlschrank marinieren. Eine Pfanne erhitzen und das Huhn samt der Marinade darin scharf braun anbraten. Die Hitze reduzieren, mit der Teriyaki-Sauce ablöschen und ca. 6–8 Minuten weiterbraten.

Für den Caesar-Salat die Römersalatherzen in ca. 2 cm breite Streifen schneiden, waschen und trocken schleudern. Für das Dressing Mayonnaise, saure Sahne, groben und mittelscharfen Senf mischen. Die Sardelle sehr fein hacken, den Knoblauch schälen, pressen und beides zur Sauce geben. Die Hälfte des Parmesankäses fein reiben und untermischen. Zitronensaft und Wasser zugeben. Das Dressing salzen, pfeffern und kurz vor dem Servieren mit dem geschnittenen Salat mischen. Restlichen Parmesankäse darüberhobeln.

Den Salat auf zwei Teller verteilen und mit dem gebratenen Teriyaki-Huhn servieren.

TIPPS

Die Sardelle ist optional und Geschmackssache. Statt des Huhns können zum Salat auch als vegetarische Variante gebratener Tofu oder ganz klassisch knusprige Croûtons serviert werden.

Geschmorter Thymian-
TOMATENSALAT MIT KROSSEM BROT

ZUBEREITUNG CA. 15 MINUTEN, **BACKZEIT** CA. 40 MINUTEN

FÜR 2 PERSONEN

- 2 KNOBLAUCHZEHEN
- 4 STIELE THYMIAN
- 400 G KLEINE TOMATEN
- 11 EL OLIVENÖL
- SALZ
- FRISCH GEMAHLENER PFEFFER
- 4 SCHEIBEN CIABATTA-BROT
- 2 EL SCHWARZE,
  ENTSTEINTE OLIVEN
- 2 EL BALSAMICO
- 1 TL HONIG

Den Backofen auf 100 °C Ober-/Unterhitze vorheizen.

Knoblauchzehen schälen und in feine Scheiben schneiden. Thymian waschen, trocknen und die Blätter von den Stielen zupfen. Tomaten waschen, halbieren und mit der Schnittseite nach oben in eine Kasserolle oder auf ein Backblech geben. Mit 4 EL Olivenöl beträufeln und Knoblauchscheiben und Thymian darüber verteilen. Salzen, pfeffern und für 40 Minuten in der Mitte des Backofens garen.

Das Ciabatta-Brot in Stücke reißen und in einer Pfanne mit 3 EL Olivenöl knusprig braten. Mit Salz und Pfeffer würzen und auf eine Servierschale geben. Tomaten und Knoblauch aus der Kasserolle nehmen und mit den Oliven und dem Brot mischen. Den Tomatensud aus der Kasserolle mit 4 EL Olivenöl, Balsamico, Honig, Salz und Pfeffer vermengen und als Dressing über den Tomatensalat gießen.

TIPPS

Parmesan darüberhobeln und mit Basilikum bestreuen oder als Variante den Tomatensalat mit Schafskäse servieren und mit Oregano würzen.

Kichererbsen-Bowl
MIT PETERSILIEN-JOGHURT

ZUBEREITUNG CA. 30 MINUTEN

FÜR 2 PERSONEN

- 70 G COUSCOUS
- OLIVENÖL
- SALZ
- 4 EL GEHACKTE PETERSILIE
- 250 G GRIECHISCHER JOGHURT (10 %)
- FRISCH GEMAHLENER PFEFFER
- 310 G KICHERERBSEN AUS DER DOSE (ABTROPFGEWICHT CA. 265 G)
- ½ TL KREUZKÜMMEL
- ½ TL PIMENT
- FRISCH GEMAHLENER PFEFFER
- 150 G CHERRY-TOMATEN
- 1 BUND RADIESCHEN
- 1 ROTER SPITZPAPRIKA
- ½ GURKE
- 1 KLEINE ROTE ZWIEBEL
- 1 EL ZITRONENSAFT
- 1 EL ORANGENSAFT
- 1 EL WEISSWEINESSIG
- ½ TL HONIG

Couscous mit 1 TL Olivenöl und Salz in einem Topf mit Wasser bedecken, nach Packungsanweisung gar kochen lassen und auf zwei Schüsseln verteilen.

Die gehackte Petersilie mit dem griechischen Joghurt vermischen und mit Salz und Pfeffer abschmecken.

Die Kichererbsen abgießen, mit Wasser abspülen und abtropfen lassen. Kreuzkümmel und Piment mit 1 EL Olivenöl in einer Schüssel vermischen, Kichererbsen dazugeben und mit Salz und Pfeffer würzen. Eine Pfanne erhitzen und die Kichererbsen darin 3–4 Minuten braten.

Cherry-Tomaten waschen, trocknen und klein schneiden. Radieschen und Spitzpaprika putzen, waschen, trocknen und vierteln bzw. klein schneiden. Die Gurke waschen, schälen, längs vierteln, die Kerne herausschneiden und das Fruchtfleisch würfeln. Alles mit den gebratenen Kichererbsen im Kreis nebeneinander auf dem Couscous anrichten.

Die Zwiebel schälen und sehr fein hacken. 40 ml Olivenöl mit Zitronensaft, Orangensaft, Weißweinessig und Honig mischen. Mit Salz und Pfeffer würzen, mit der gehackten Zwiebel vermengen, über das geschnittene Gemüse gießen und mit dem Petersilien-Joghurt servieren.

TIPP

Für das Dressing selbst gemachten Granatapfelkernessig (Rezept Seite 154) verwenden.

Mango-Mozzarella-Salat

MIT FRISCHEM BASILIKUM

ZUBEREITUNG CA. 10 MINUTEN

FÜR 2 PERSONEN

- 1 MANGO
- 2 KUGELN MOZZARELLA
  À CA. 125 G
- ½ LIMETTE
- 3 EL OLIVENÖL
- 1 TL WEISSER BALSAMICO
- 1 TL HONIG
- SALZ
- FRISCH GEMAHLENER PFEFFER
- FRISCHE BASILIKUMBLÄTTER
- EINIGE ZITRONENTHYMIANBLÄTTER

Die Mango schälen, das Fruchtfleisch von beiden Seiten vom Kern und in schmale Spalten schneiden.

Die Mozzarella-Kugeln abtropfen lassen, in Stücke zupfen oder in Scheiben schneiden und mit den Mangospalten mischen.

Für das Dressing die halbe Limette auspressen. Den Saft mit Olivenöl, weißem Balsamico und Honig mischen und mit Salz und frisch gemahlenem Pfeffer würzen. Das Dressing über den Salat geben.

Die Basilikumblätter und den Zitronenthymian waschen, trocken schütteln und über den Salat streuen.

TIPPS

Mit essbaren Gänseblümchen dekorieren. Wer es scharf mag, der gibt noch eine halbe, klein geschnittene Chilischote ins Dressing oder bestreut den Salat zum Schluss mit Chiliflocken.

Wassermelonensalat

MIT FETA

ZUBEREITUNG CA. 30 MINUTEN

FÜR 2 PERSONEN

- 100 G FELDSALAT
- 250 G CHAMPIGNONS
- 1 ZWIEBEL
- 4 EL OLIVENÖL
- SALZ
- FRISCH GEMAHLENER PFEFFER
- 600 G WASSERMELONE
- 100 G FETA
- 4 EL MILDER BALSAMICO
- 1 TL HONIG
- 1 TL MITTELSCHARFER SENF

Den Feldsalat gründlich waschen, trocken schleudern und auf zwei Teller verteilen.

Die Champignons putzen und je nach Größe vierteln oder achteln. Die Zwiebel schälen und in feine Ringe schneiden. In 1 EL Öl in einer Pfanne 5–8 Minuten braten und mit Salz und Pfeffer abschmecken.

Die Wassermelone von der Schale befreien und in Stückchen schneiden, den Feta grob zerteilen.

Für das Dressing restliches Olivenöl mit Balsamico, Honig und Senf in einer Schüssel cremig schlagen. Mit Salz und Pfeffer abschmecken, über den Feldsalat geben und vermischen.

Feta und Wassermelonenstückchen auf dem Salat verteilen, die lauwarmen Pilze und Zwiebeln daraufgeben. Sofort servieren. Dazu passt Baguette.

TIPPS

Wer noch etwas mehr Biss braucht, der gibt noch gehackte Walnüsse oder Sonnenblumenkerne über den Salat. Der Salat schmeckt statt mit Wassermelone auch mit frischen Erdbeeren.

Roter Obstsalat
MIT WALDMEISTER-DRESSING

ZUBEREITUNG CA. 10 MINUTEN

FÜR 2 PERSONEN

- 100 G ERDBEEREN
- 80 G HIMBEEREN
- 60 G BROMBEEREN
- 60 G JOHANNISBEEREN
- 60 G BLAUBEEREN
- 60 G KIRSCHEN
- 60 G WASSERMELONE
- 1 ZITRONE
- 2 EL WALDMEISTERSIRUP
- EINIGE BLÄTTER FRISCHE MINZE
  ZUR DEKORATION

Beeren und Kirschen verlesen, abspülen, abtropfen lassen und vorsichtig trocken tupfen. Erdbeeren halbieren oder vierteln. Johannisbeeren von den Rispen zupfen. Die Kirschen entkernen und halbieren. Die Wassermelone von der Schale befreien und in kleine Stückchen schneiden. Alles zusammen auf einer Servierschale anrichten.

Die Zitrone auspressen, den Saft mit dem Waldmeistersirup vermischen, über die Früchte geben und vorsichtig vermengen. Nach Wunsch mit einigen Blättern frischer Minze dekorieren.

Solo genießen oder mit Joghurt, Schlagsahne oder einer Kugel Vanilleeis servieren.

TIPPS

Statt Waldmeistersirup kann auch Himbeer- oder Ahornsirup verwendet werden. Etwas frisch geriebener Ingwer gibt dem Obstsalat eine besondere Note.

»Alles ist klarer,
wenn du verliebt bist.«
JOHN

JOHN LENNON UND YOKO ONO

Als John Lennon zum ersten Mal eine Ausstellung von Yoko Ono in London besuchte, nahm er dort einen Apfel und biss hinein – wie sollte er auch ahnen, dass es ein Kunstwerk von Yoko war? Ihre empörten Blicke verdeutlichen ihm, dass der Apfel nicht zum Essen gedacht war. Er entschuldigte sich und legte ihn zurück. Es ist eine kuriose Kennenlerngeschichte, doch sie fruchtete – im wahrsten Sinne des Wortes.

Trotz ihrer damaligen Ehepartner lernten sich die beiden in der darauffolgenden Zeit näher kennen und begannen ein neues Leben zu zweit.

John und Yoko heirateten 1969 und nutzten ihre Flitterwochen für ein gemeinsames Anliegen: den Weltfrieden.

Das „Bed-In" ihrer Friedenskampagne, bei der sie eine Woche lang von 10 bis 22 Uhr nicht das Bett verließen und Journalisten für Interviews empfingen, ging in die Geschichte ein. Sie waren unzertrennbar und wollten jede Sekunde miteinander verbringen. Die Liebe war sehr intensiv und stärkte sie gegenseitig. Verbunden durch ihre Interessen brachten John und Yoko auch als Duo gemeinsame Musik-

werke und Kunst heraus und viele Songs von John thematisieren seine Liebe zu Yoko. Ihre Harmonie war nicht zu übersehen. Das Paar hielt zusammen und zweifelte nicht, obwohl sie in der Öffentlichkeit sehr umstritten waren, auch als die Beatles sich trennten. Ihre Romanze nahm ein tragisches Ende, als John Lennon 1980 ermordet wurde.

Yokos Schmerz muss unvorstellbar groß gewesen sein. Doch John habe ihr beigebracht, viel über das Leben zu lachen, und es würde nicht helfen, weinend dazusitzen. Also mache sie Gutes aus Schlechtem, sagte sie.

Quickies
KURZ UND GUT

SPONTAN,
SCHNELL UND LECKER

Schnelles Avocado-
SPINAT-PESTO

ZUBEREITUNG CA. 15 MINUTEN

FÜR CA. 400 ML PESTO

- 60 G PINIENKERNE
- 100 G BLATTSPINAT
- 1 KNOBLAUCHZEHE
- 1 AVOCADO
- 30 G PARMESAN
- 50 ML OLIVENÖL
- SALZ
- FRISCH GEMAHLENER PFEFFER
- 1 SPRITZER ZITRONENSAFT

AUSSERDEM

- STABMIXER
- 1 STERILES GLAS À 400 ML

Pinienkerne in einer Pfanne ohne Fett leicht braun rösten und beiseite stellen.

Blattspinat waschen und trocken schütteln. Knoblauchzehe schälen und fein hacken. Avocado waschen, trocken reiben, halbieren, den Kern herauslösen und das Fruchtfleisch mit einem Löffel herauskratzen.

Alles zusammen mit den gerösteten Pinienkernen in eine Schüssel geben, Parmesan hineinreiben und mit einem Stabmixer zerkleinern. Nach und nach das Olivenöl dazugeben und so lange weitermixen, bis das Pesto die gewünschte Konsistenz hat. Mit Salz, Pfeffer und einem Spritzer Zitronensaft abschmecken.

Das Pesto in ein Glas abfüllen und zur Lagerung im Kühlschrank mit etwas Olivenöl bedecken.

Pesto schmeckt zu Nudeln oder als Brotaufstrich.

TIPP
Statt Blattspinat als Variation Rucola oder Feldsalat ausprobieren.

One-Pan-
GNOCCHI

ZUBEREITUNG CA. 30 MINUTEN

FÜR 2 PERSONEN

- 1 LAUCHSTANGE
- 1 KAROTTE
- 200 G BABY-BLATTSPINAT
- 1 TOMATE (CA. 100 G)
- 250 G MERGUEZ-WÜRSTCHEN
- 1 ZWIEBEL
- 1 EL OLIVENÖL
- 4 KNOBLAUCHZEHEN
- 250 ML GEMÜSEFOND
- 50 ML SAHNE
- SALZ
- FRISCH GEMAHLENER PFEFFER
- 125 G MOZZARELLA
- 250 G FRISCHE KARTOFFEL-
  GNOCCHI

Lauchstange waschen, putzen und in Ringe schneiden. Karotte waschen, schälen und in Scheiben schneiden. Baby-Blattspinat gründlich waschen und abtropfen lassen. Tomate waschen, trocknen, halbieren, von den Kernen befreien und klein würfeln.

Merguez-Würstchen häuten und in kleine Stücke schneiden oder zupfen. Zwiebel schälen, fein hacken und mit Würstchen, Karotten und Lauch in einer Pfanne mit Olivenöl bei mittlerer Hitze braten. Knoblauch schälen, fein hacken und nach ca. 5 Minuten mit den gewürfelten Tomaten dazugeben und kurz mit andünsten.

Gemüsefond und Sahne zugießen, mit Salz und Pfeffer würzen und kurz aufkochen. Mozzarella klein würfeln, in die Pfanne geben und das Ganze bei mittlerer Hitze ca. 8–10 Minuten leise köcheln lassen.

Gnocchi und Spinat in die Pfanne geben und für weitere 5 Minuten bei mittlerer Hitze mitgaren.

TIPPS

Statt Würstchen kann auch die gleiche Menge Rinderhack verwendet werden. Vegetarier können das Fleisch z.B. durch weiße Bohnen oder Kichererbsen ersetzen.

Rote-Bete-Pfannkuchen-
RÖLLCHEN MIT LACHS

ZUBEREITUNG CA. 15 MINUTEN, **RUHEZEIT** 30 MINUTEN

FÜR 2 PERSONEN

FÜR DIE PFANNKUCHEN
- 60 G MEHL
- 125 ML MILCH
- 1 EI (GRÖSSE M)
- 1 PRISE SALZ
- 10 G BUTTER
- 25 ML ROTE-BETE-SAFT
- BUTTERSCHMALZ ZUM BRATEN

FÜR DIE WASABI-CREME
- 100 G SCHMAND
- 1 TL WASABI-PASTE
- 1 TL ZITRONENSAFT
- 1 TL ZITRONENABRIEB
- SALZ
- FRISCH GEMAHLENER PFEFFER
- 200 G RÄUCHERLACHS
  IN SCHEIBEN
- 2 ZWEIGE DILL

Mehl, Milch, Ei und Salz in eine Schüssel geben. Butter in einem kleinen Topf langsam schmelzen und in den Teig gießen. Rote-Bete-Saft dazugeben und alles mit einem Schneebesen gut durchmischen. Abgedeckt im Kühlschrank ca. 30 Minuten ruhen lassen.

Butterschmalz in einer Pfanne nicht zu stark erhitzen. Den Teig mit einer Kelle in die Pfanne geben. Damit er sich gleichmäßig verteilt, die Pfanne in kreisenden Bewegungen schwenken.

Den Teig so lange backen, bis der obere Teil des Pfannkuchens fest geworden ist. Nicht wenden, denn sonst wird der Pfannkuchen braun.

Die Pfannkuchen abkühlen lassen.

Für die Wasabi-Creme Schmand mit der Wasabi-Paste in eine Schüssel geben. Zitronensaft und -abrieb dazugeben, salzen, pfeffern und alles gut vermengen. Die Creme gleichmäßig auf die gebratene Unterseite des abgekühlten Pfannkuchens streichen und mit den Lachsscheiben belegen. Dill waschen, trocknen und darüberstreuen.

Die Pfannkuchen aufrollen und in ca. 2 cm dicke Scheiben schneiden.

TIPPS
Die Pfannkuchen-Röllchen sind ein prima kalter Snack für ein gemeinsames Picknick. Statt Wasabi-Paste die gleiche Menge geriebenen Meerrettich verwenden.

Himbeereis

MIT SAHNE UND BAISER-BRÖSELN

ZUBEREITUNG CA. 10 MINUTEN

FÜR 4 EISKUGELN

- 100 ML SAHNE
- 1 PCK. VANILLEZUCKER
- 25 G BAISER-TUPFEN
- 150 G GEFRORENE HIMBEEREN

Die Sahne mit dem Vanillezucker in einer Schüssel steif schlagen.

Baiser-Tupfen in einer Tüte oder einer Plastikschüssel in kleine mundgerechte Stücke zerbröseln.

Die Himbeeren aus dem Tiefkühlfach nehmen und noch gefroren zerstoßen. Auf einem Teller ausbreiten, 1 Minute antauen lassen und anschließend zur geschlagenen Sahne geben. Gut vermischen und die Baiserbrösel unterheben.

Sofort noch eiskalt als Kugeln in Hörnchen oder als Dessert in einer kleinen Schale servieren.

TIPP

Schmeckt auch mit gemischten, gefrorenen Waldbeeren.

VON DER ROTBARBE MIT RADIESCHENSALAT

ZUBEREITUNG CA. 25 MINUTEN

FÜR 2 PERSONEN

FÜR DEN RADIESCHENSALAT

- 1 ROTE ZWIEBEL
- 7 EL OLIVENÖL
- 2 EL HELLER BALSAMICO
- 1 TL MILDER SENF
- 1 EL HONIG
- SALZ
- FRISCH GEMAHLENER PFEFFER
- 1 BUND RADIESCHEN
- 10 CHERRY-TOMATEN

FÜR DAS SALTIMBOCCA

- 8 SCHWARZE OLIVEN
- 2 ROTBARBEN-FILETS À 200 G
- 2 GROSSE SCHEIBEN LUFTGETROCKNETER SCHINKEN
- 6 SALBEIBLÄTTER
- 30 ML TROCKENER WEISSWEIN
- 1 EL KALTE BUTTER

Für den Radieschensalat die Zwiebel schälen, klein schneiden und in einer Pfanne mit 1 EL Olivenöl andünsten. Herausnehmen und in einer Schüssel abkühlen lassen. Balsamico, Senf und Honig zugeben und mit Salz und Pfeffer würzen. 4 EL Olivenöl langsam hinzugießen. Die Masse gut aufschlagen, bis die Salatsauce sämig bindet.

Die Radieschen putzen, waschen und vierteln. Die Tomaten waschen und trocknen. Zusammen mit den Oliven und dem Salatdressing mischen.

Für das Saltimbocca die Rotbarbenfilets abspülen und trocken tupfen. Salzen, pfeffern und mit dem Schinken einschlagen. Salbeiblätter waschen, trocken tupfen und je 1 Blatt mit einem Zahnstocher an den Schinken stecken. Eine Pfanne mit 2 EL Olivenöl erhitzen, restliche Salbeiblätter hineingeben und den Fisch ca. 3–4 Minuten von jeder Seite braten. Den fertigen Fisch mit den Salbeiblättern aus der Pfanne herausnehmen und warm halten. Den Bratensatz mit Weißwein ablöschen, etwas einkochen lassen, kalte Butter zugeben und mit dem Schneebesen unter die Sauce rühren.

Sauce mit Salz und Pfeffer abschmecken, über den Fisch gießen und mit Radieschensalat servieren.

Dazu passt auch Meerrettich-Kartoffelpüree (Rezept Seite 158).

TIPP

Das Rezept lässt sich in der gleichen Weise auch mit anderem festen Fisch, wie z.B. Rotbarsch, oder mit Kalbsschnitzeln zubereiten.

Dosen-Tomatensuppe

MIT ROSMARIN UND THYMIAN

ZUBEREITUNG CA. 30 MINUTEN

FÜR 2 PERSONEN

- 1 ZWIEBEL
- 1 KNOBLAUCHZEHE
- 1 EL OLIVENÖL
- 1 DOSE TOMATEN À 800 G
  (ABTROPFGEWICHT 450 G)
- 1 ZWEIG ROSMARIN
- 2 ZWEIGE THYMIAN
- 100 ML GEMÜSEFOND
- SALZ
- FRISCH GEMAHLENER PFEFFER
- 1 TL CHILIFLOCKEN
- 50 G CRÈME FRAÎCHE

AUSSERDEM

- STABMIXER

Die Zwiebel und die Knoblauchzehe schälen und klein hacken. Olivenöl in einem Topf erhitzen und Zwiebeln und Knoblauch leicht darin dünsten.

Tomaten aus der Dose dazugeben und mit der Gabel oder einem Messer im Topf zerkleinern. Rosmarin und Thymian abspülen und mit dem Gemüsefond in den Topf geben. Salzen, pfeffern und auf kleiner Flamme mindestens 20 Minuten köcheln lassen.

Nochmals mit Salz und Pfeffer abschmecken, Rosmarin und Thymian herausnehmen. Die Tomatensuppe mit dem Stabmixer zerkleinern und zum Schluss mit Chiliflocken nach Geschmack würzen. Crème fraîche in die Suppe oder jeweils einen Löffel auf die Teller geben.

TIPP

Je länger die Suppe kocht, desto sämiger und leckerer wird sie. Selbstverständlich kann die Suppe auch mit frischen Tomaten eingekocht werden. Dazu die Tomaten vorher häuten und entkernen. Die Suppe lässt sich auch gut für mehrere Gäste vorbereiten. Dafür einfach die Mengen entsprechend vervielfachen.

»Liebes Skrumpelschrumpelstilzchen, ich vermisse Dich mehr, als Du Dir je vorstellen kannst«

RICHARD

E & R

ELIZABETH TAYLOR UND RICHARD BURTON

Es ist das Jahr 1963. Filmset für „Cleopatra". Sie betört mit schwarzen Haaren, blauen Augen, Schmollmund und Schneewittchen-Teint, er, etwas älter und berühmt durch seine Shakespeare-Darstellungen, fasziniert durch seine lässige Erscheinung und den sagenhaft coolen Blick. Der Legende nach soll es Liebe auf den ersten Blick gewesen sein.

Elizabeth Taylor und Richard Burton werden das berühmteste Hollywood-Traumpaar des 20. Jahrhunderts. „Ich liebe und vermisse Dich und halte Dich für die begehrenswerteste Frau der Welt", schreibt Burton 1971 in einem Liebesbrief an Taylor.

Eine Liebe mit vielen Höhen und Tiefen. Während sie als Paar vor der Kamera glänzten, wechselten hinter den Kulissen Streit und Küsse miteinander ab.

Selten lagen in einer Verbindung Romantik und Drama bedingt u.a. durch starke Eifersucht und Alkoholabhängigkeit so eng beieinander. Taylor und Burton, zwei Seelenverwandte, die nicht voneinander lassen konnten. Gleich zweimal waren sie verheiratet, 1964 zum ersten Mal. 1974 folgte die Scheidung, um nur ein Jahr später erneut den Bund der Ehe zu schließen. Die zweite Ehe währte nicht einmal ein Jahr. Eine

große Liebe ohne Happy End und ein Leben und Leiden im Großformat. Ihre gemeinsamen Filme bleiben unvergessen, darunter Klassiker wie „Wer hat Angst vor Virginia Woolf?" (1966) oder „Der Widerspenstigen Zähmung" (1967).

Burtons Nichte berichtete 2009 der „Daily Mail": „Letzten Sommer war ich in Amerika bei Elizabeth. In ihrem Haus in Bel Air sah ich überall Fotos von Onkel Richard. Und ein Bild von ihm steht immer noch neben ihrem Bett." Burton verstarb 1984, Elizabeth Taylor überlebte ihn um 27 Jahre.

Sweets

FOR MY SWEET

FÜR SÜSSE MOMENTE UND NASCHKATZEN

Liebesknochen: Eclairs
MIT MASCARPONE-CREME
UND ROSENWASSERGLASUR

ZUBEREITUNG CA. 40 MINUTEN, **KÜHLZEIT** 4 STUNDEN,
BACKZEIT CA. 20 MINUTEN

FÜR CA. 15–20 STÜCK

FÜR DIE FÜLLUNG
- 200 G GEKÜHLTER MASCARPONE
- 1 EL ZUCKER
- 2 EL HIMBEEREN

FÜR DEN TEIG
- 40 G BUTTER
- 1 PRISE SALZ
- 125 ML WASSER
- 80 G MEHL
- 2 EIER (GRÖSSE M)

FÜR DIE GLASUR
- 100 G PUDERZUCKER
- 1–2 TL ROTER JOHANNISBEERSAFT
- 3 TROPFEN ROSENWASSER
- ESSBARE ROSENBLÜTENBLÄTTER
  ZUR DEKORATION

AUSSERDEM
- SPRITZBEUTEL MIT
  GROSSER STERNTÜLLE

Für die Füllung Mascarpone und Zucker mit einem Handrührgerät ca. 2 Minuten schaumig schlagen und mindestens 4 Stunden in den Kühlschrank stellen.

Den Backofen auf 200 °C Ober-/Unterhitze vorheizen.

Für den Teig Butter und Salz mit dem Wasser in einem Topf aufkochen. Das Mehl auf einmal zugeben und die Teigmasse mit einem Kochlöffel so lange kräftig rühren, bis sich ein Teigkloß und eine weiße Schicht am Topfboden bilden. Den Topf vom Herd nehmen, den Teig etwas abkühlen lassen und die Eier nacheinander mit dem Kochlöffel oder einem Handmixer in den Teig einarbeiten. Den Teig in einen Spritzbeutel mit großer Stern-Lochtülle füllen. Auf ein mit Backpapier ausgelegtes Backblech mit etwas Abstand ca. 10–12 cm lange Teigstreifen geben. In der Mitte des Backofens ca. 20 Minuten goldbraun backen und auf einem Kuchengitter abkühlen lassen. Die kalten Eclairs mit einem scharfen Messer längsseitig halbieren.

Für die Füllung die Himbeeren waschen, vorsichtig trocken tupfen, zerdrücken und unter die Mascarponecreme ziehen. Die Creme in einen Spritzbeutel mit breiter Sterntülle füllen, auf die Unterseite der Eclairs geben. Die Oberseite der Eclairs als Deckel daraufsetzen.

Für die Glasur Puderzucker mit Johannisbeersaft und Rosenwasser glattrühren, vorsichtig mit einem Teelöffel auf die Oberseite der Eclairs streichen, mit Rosenblütenblättern bestreuen und trocknen lassen.

Tea-Time für die Liebe:
ZUCKER-KRINGEL

ZUBEREITUNG CA. 5 MINUTEN, **TROCKENZEIT** MIND. 1 STUNDE

FÜR CA. 30 ZUCKER-KRINGEL

- 200 G FEINER ZUCKER
- 1 TL WASSER
- FLÜSSIGE LEBENSMITTELFARBE

AUSSERDEM

- PRALINENFORM AUS SILIKON

Den Ofen auf 60 °C Ober-/Unterhitze vorheizen.

Den Zucker in eine kleine Schüssel geben und mit dem Wasser verrühren. Die Lebensmittelfarbe einträufeln lassen. Hierbei vorsichtig dosieren, nach jedem Tropfen umrühren und die Farbe prüfen. So lange weitertropfen, bis die gewünschte Farbintensität erreicht ist.

Den Zucker mit einem Teelöffel in die Silikonform geben. Vorsichtig hineindrücken und mit einem Messer den überschüssigen Zucker herunterstreichen.

Die Silikonform in der Mitte des Backofens auf einem Rost platzieren und ca. 1 Stunde im Ofen backen bzw. trocknen. Den Ofen ausschalten und die Zucker-Kringel noch im warmen Ofen lassen. Danach die Silikonform herausnehmen und die Zucker-Kringel vollständig abkühlen lassen.

TIPPS

Dieser Ersatz für Würfelzucker lässt sich in verschiedenen Formen und Farben herstellen und ist, je nach Anlass hübsch verpackt, ein schönes Mitbringsel aus der eigenen Küche. Eine besondere Note bekommen die Zucker-Kringel, wenn Aromen wie Vanille oder Zimt untergemischt werden.

Lumumba-Schokoeis
MIT LIEBESPERLEN

ZUBEREITUNG CA. 20 MINUTEN, **KÜHLZEIT** MIND. 12 STUNDEN

FÜR 4 STÜCK

- 40 G ZARTBITTERSCHOKOLADE
- 125 ML MILCH
- 125 ML SAHNE
- 1 EL DUNKLES KAKAOPULVER
- 50 G ZUCKER
- 1 PCK. VANILLEZUCKER
- 1 PRISE KARDAMOM
- 1 TL SPEISESTÄRKE
- 1 TL RUM
- 2 EL BUNTE LIEBESPERLEN

AUSSERDEM

- 4 EISFORMEN À CA. 50 ML

Zartbitterschokolade klein hacken und mit Milch, Sahne und Kakaopulver in einem Topf langsam erhitzen.

Zucker, Vanillezucker und Kardamom zugeben und ca. 10 Minuten leise köcheln lassen. Speisestärke in kaltem Wasser auflösen, zur Schokoladenmasse geben und kurz mitköcheln.

Rum untermischen. Die Masse abkühlen lassen, in Eisformen füllen und für ca. 12 Stunden in das Tiefkühlfach stellen.

Liebesperlen auf einen Teller geben. Das Eis aus den Formen lösen, kurz antauen lassen und in die Liebesperlen dippen.

TIPPS

Ohne Alkohol wird daraus ein einfaches Schokoladeneis. Statt mit Liebesperlen kann man es auch mit gehackten Haselnüssen bestreuen.

Liebesäpfel
MIT WEISSER SCHOKOLADE, ZITRONE, JOGHURT UND PFEFFER

ZUBEREITUNG CA. 10 MINUTEN, **TROCKENZEIT** MIND. 4 STUNDEN

FÜR 2 ÄPFEL

* 2 MITTELGROSSE SÄUERLICHE ÄPFEL
* 100 G WEISSE SCHOKOLADE
* 1 TL GRIECHISCHER JOGHURT (10 %)
* 1–2 TL ZITRONENABRIEB
* WEISSER, FEIN GEMAHLENER PFEFFER
* FLÜSSIGE ROTE LEBENSMITTELFARBE

AUSSERDEM

* 2 HOLZSTÄBCHEN

Die Äpfel waschen, gut trocken reiben und blank polieren. Äpfel auf die Blütenseite stellen und die Holzstäbchen am Stielansatz fest einstechen.

Die Schokolade klein hacken und über einem Wasserbad schmelzen. Joghurt mit Zitronenabrieb und weißen Pfeffer unterrühren. Die Schokoladenmasse mit ein paar Tropfen Lebensmittelfarbe nach Wunsch einfärben.

Die Äpfel in die Schokoladenmasse eintauchen und drehen, bis sie ganz oder teilweise mit Schokolade überzogen sind.

Die Äpfel auf Backpapier stellen und mindestens 4 Stunden trocknen lassen.

TIPP

Dunkle Schokolade schmelzen, Äpfel dippen und in Liebesperlen wälzen.

Himbeerpizza
MIT SCHOKOBODEN

ZUBEREITUNG CA. 20 MINUTEN, **GEHZEIT** 1 STUNDE, **BACKZEIT** 10–12 MINUTEN

FÜR EINE GROSSE PIZZA ODER ZWEI KLEINE PIZZEN

- 200 G MEHL TYPE 550
- 50 G HARTWEIZENGRIESS
- ½ TL SALZ
- ½ PCK. TROCKENHEFE
- 1 TL ZUCKER
- 160 ML LAUWARMES WASSER
- 400 G HIMBEEREN
- 150 G HASELNUSS-SCHOKO-CREME (REZEPT SEITE 30)
- 1 EL KOKOSCHIPS
- EINIGE BLÄTTER MINZE

Für den Teig Mehl, Hartweizengrieß und Salz in einer großen Schüssel mischen. Trockenhefe mit Zucker und Wasser in einem kleinen Schälchen verrühren und ca. 10 Minuten gehen lassen. Anschließend zur Mehlmischung geben und ca. 10 Minuten mit dem Knethaken einer Küchenmaschine oder mit den Händen zu einem festen, aber geschmeidigen Teig kneten. Den Teig zur Kugel formen und abgedeckt 30 Minuten gehen lassen.

Den Backofen auf 220 °C Ober-/Unterhitze vorheizen.

Den Teig sehr dünn ausrollen, auf ein Stück Backpapier legen und nochmals 30 Minuten gehen lassen. Den Teig samt Backpapier auf einem Backofenrost platzieren und 10–12 Minuten goldbraun backen.

Die Himbeeren verlesen, waschen, abtropfen lassen und vorsichtig trocknen.

Den Teigboden aus dem Ofen nehmen, kurz abkühlen lassen und mit Haselnuss-Schoko-Creme bestreichen. Die Himbeeren darauf verteilen, mit Kokoschips bestreuen und mit Minzblättern garnieren.

TIPPS

Dazu passt auch Vanilleeis. Statt mit Schoko-Haselnuss-Creme die fertige Pizza mit etwas Mascarponecreme (Rezept Seite 130) bestreichen.

»Was ›Ich liebe dich‹ wirklich meint, ist ›Ich verstehe dich‹, und sie liebt mich für alles, was ich bin. Sie unterstützt mich und macht mich glücklich.«

ELLEN

E & P

ELLEN DEGENERES UND PORTIA DE ROSSI

Nicht jeder hat das große Glück, seine bessere Hälfte zu finden, doch für das Hollywood-Paar Ellen DeGeneres und Portia de Rossi wurde dieser Traum wahr. Als Portia das erste Mal Ellen sah, war sie von ihr sofort hin und weg – es war Liebe auf den ersten Blick. Doch es dauerte noch drei Jahre, bis sie Ellen während eines Fotoshootings ansprach. Nach ein paar Monaten fingen sie an, sich zu treffen, und es entwickelte sich eine Liebesbeziehung.

Als 2008 die gleichgeschlechtliche Ehe im US-Staat Kalifornien legalisiert wurde, ergriffen Ellen und Portia die Chance und schlossen endlich den Bund der Ehe. Für sie ist das Wichtigste in einer Partnerschaft, sich niemals anzulügen und immer die Wahrheit zu sagen, selbst bei den kleinsten, belanglosesten Dingen.

Für eine funktionierende Beziehung muss man auf derselben Wellenlänge liegen. So reden die beiden über alles, was ihnen durch den Kopf geht, zeigen Verständnis in jeder Situation und nehmen auch am Leben der Anderen teil. Sie essen täglich zusammen zu Abend, sei der Terminplan auch noch so voll. Damit nehmen sie sich regelmäßig Zeit für Zweisamkeit.

Portia sieht in Ellen ihre beste Freundin und möchte mit niemand anderem so viel Zeit verbringen und am liebsten immer bei ihr sein. Ellen ist sehr dankbar für diese Liebe in ihrem Leben. Wie sehr sie sich glücklich schätzen können, sagen sich die beiden immer wieder.

Taste of Love

FÜR BESONDERE MOMENTE

NUR DAS BESTE FÜR
DIE LIEBSTEN

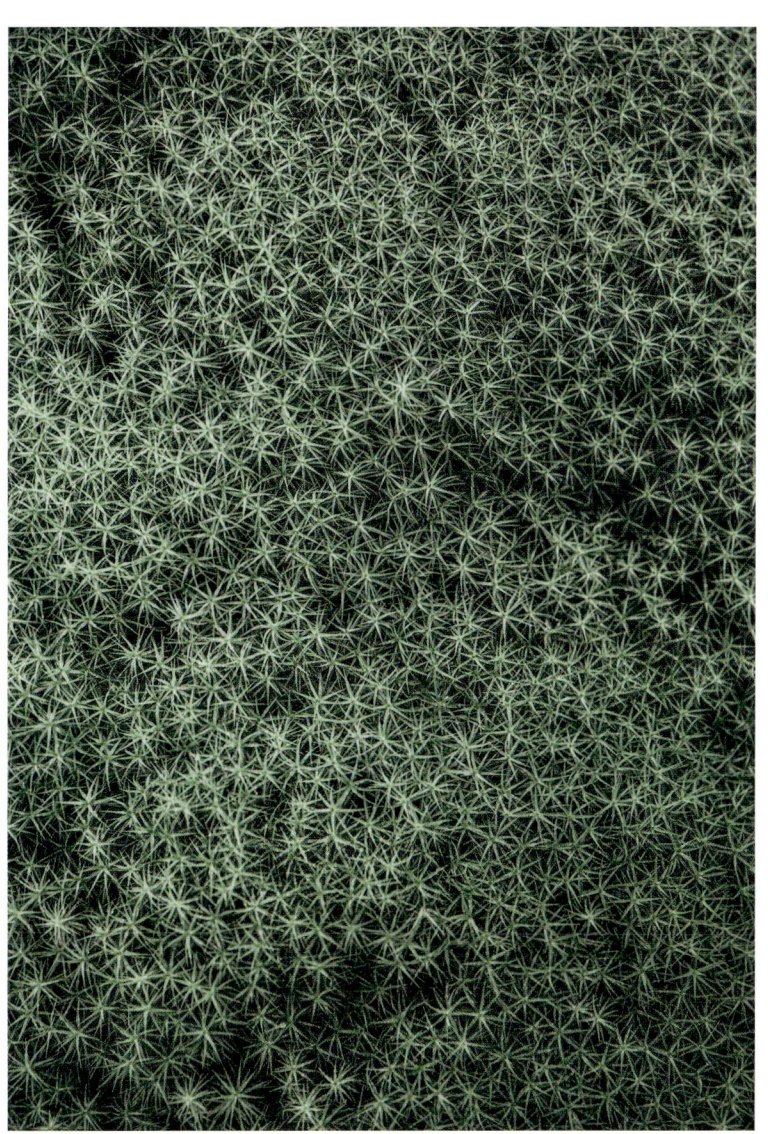

Katerfrühstück:
ROTER HERINGSSALAT

ZUBEREITUNG CA. 15 MINUTEN

FÜR 2 PERSONEN

- 2 DOPPELTE FISCHFILETS VOM BISMARCKHERING
- 1 KLEINER APFEL
- 100 G GEKOCHTE ROTE BETE (VAKUUMVERPACKT)
- 1–2 TL ROTE-BEETE-SAFT
- 1 EL APFEL-BALSAMESSIG
- 1 KLEINE ROTE ZWIEBEL
- 50 G DELIKATESS-MAYONNAISE
- 100 G SAURE SAHNE
- 100 G SCHMAND
- SALZ
- FRISCH GEMAHLENER PFEFFER
- 1 PRISE ZUCKER
- 2 ZWEIGE DILL
- 2 SCHEIBEN SCHWARZBROT

Heringsfilets abspülen, trocken tupfen und in ca. 1 cm breite Streifen oder in kleine Würfel schneiden. Apfel schälen, vierteln, vom Kerngehäuse befreien und ebenfalls in kleine Würfel schneiden. Rote Bete klein würfeln und mit dem Rote-Bete-Saft und dem Apfel-Balsamessig mischen. Die rote Zwiebel schälen und sehr fein hacken. Mayonnaise, saure Sahne und Schmand in einer kleinen Schüssel verrühren. Mit Salz, Pfeffer und Zucker würzen. Hering, Apfel, Zwiebel und Rote-Bete-Mischung zugeben und vorsichtig vermischen.

Dillzweige waschen, trocken tupfen und fein hacken.

Roten Heringssalat auf den Schwarzbrotscheiben verteilen und mit gehacktem Dill bestreuen.

TIPP

Statt Apfel-Balsamessig selbstgemachten Granatapfelkernessig (Rezept Seite 154) verwenden. Dazu passt noch ein hart gekochtes Ei.

Geschmack der Liebe:
GRANATAPFELKERNESSIG

ZUBEREITUNG CA. 5 MINUTEN, **ZIEHZEIT** MIND. 2 WOCHEN

FÜR CA. 300 ML

- 50 G FRISCHE GRANATAPFELKERNE
- 250 ML MILDER WEISSWEINESSIG

AUSSERDEM

- TRICHTER
- STERILE FLASCHE À CA. 300 ML

Die Granatapfelkerne in die Flasche geben, mit Weißweinessig auffüllen und fest verschließen. 2 Wochen lang die Flasche täglich schwenken – dann ist der Essig servierfähig.

Entweder die Granatapfelkerne in der Flasche lassen oder den fertigen Granatapfelessig durch ein mit einem sauberen Küchentuch ausgelegtes Sieb passieren.

Passt in Dressings wie z.B. zur Kichererbsen-Bowl (Rezept Seite 86).

TIPPS

Selbst hergestellter Essig ist ein schönes Geschenk aus der eigenen Küche. Auf diese Weise lässt sich auch Cranberry-, Himbeer-, Brombeer- oder Johannisbeeressig herstellen. Auch Kräuter wie z.B. Estragon oder Thymian können angesetzt werden.

Kleine Hausapotheke:
HÜHNERSUPPE

ZUBEREITUNG CA. 2 STUNDEN

FÜR CA. 8 PORTIONEN

- 1 FRISCHES, KÜCHENFERTIGES SUPPENHUHN
- 1 BUND PETERSILIE
- 1 ZWIEBEL
- 1 GROSSE TOMATE
- 3 NELKEN
- 4 PFEFFERKÖRNER
- 2 LORBEERBLÄTTER
- 5 WACHOLDERBEEREN
- 1 EL SALZ
- 2 TL ZUCKER
- 1 BUND SUPPENGRÜN
- 1 HAND VOLL ERBSEN

AUSSERDEM

- TEESÄCKCHEN

Suppenhuhn gründlich unter kaltem Wasser abspülen. Petersilie im Bund abwaschen. Zwiebel mit Schale halbieren. Tomate waschen und halbieren. Nelken, Pfefferkörner, Lorbeerblätter und Wacholderbeeren in ein Teesäckchen füllen. Alles in einen großen Topf geben und mit gut 4 cm Wasser bedecken.

Langsam aufkochen lassen, mit Salz und Zucker würzen und ca. 60 Minuten mit halb geöffnetem Deckel leise köcheln lassen. Zwischendurch immer wieder mit einer Schaumkelle den Schaum abschöpfen.

Während des Köchelns Suppengemüse waschen, putzen, in mundgerechte Stücke schneiden und nach ca. 60 Minuten mit den Erbsen zur Suppe geben. Weitere 30 Minuten köcheln.

Anschließend das Huhn aus der Suppe nehmen und etwas abkühlen lassen. Hähnchenteile häuten, das Fleisch vom Knochen lösen, in Stücke zupfen und wieder zur Suppe geben. Teesäckchen, Petersilie, Zwiebel- und Tomatenhälften entfernen.

Die Hühnersuppe noch einmal mit Salz abschmecken.

TIPP
Hühnersuppe für die nächste Grippewelle portionsweise einfrieren.

Eng umschlungen:
INVOLTINI MIT KARTOFFEL-MEERRETTICH-PÜREE

ZUBEREITUNG CA. 30 MINUTEN

FÜR 2 PERSONEN

FÜR DAS MEERRETTICH-KARTOFFELPÜREE

- 300 G MEHLIGKOCHENDE KARTOFFELN
- SALZ
- 70 ML MILCH
- 50 ML SAHNE
- 1 EL KALTE BUTTER
- 1 EL FRISCH GERIEBENER MEERRETTICH
- 1 PRISE FRISCH GERIEBENE MUSKATNUSS

FÜR DIE INVOLTINI

- 2 PUTENSCHNITZEL À CA. 150 G
- 2 EL FRISCHKÄSE
- 1 SCHALOTTE
- 1 KNOBLAUCHZEHE
- 2 EL TOMATENMARK
- 2 EL GEHACKTE PETERSILIE
- 2–3 SCHEIBEN ITALIENISCHE MORTADELLA
- 1 EL BUTTERSCHMALZ
- 50 ML GEMÜSEFOND
- 100 ML SAHNE
- 1 EL KALTE BUTTER

AUSSERDEM

- ROLLADENGARN

Für das Kartoffelpüree die Kartoffeln schälen, waschen, ca. 20 Minuten in kochendem, gesalzenem Wasser gar kochen, abgießen, abdampfen lassen und wieder in den Topf geben. Mit einem Kartoffelstampfer zerkleinern oder durch eine Kartoffelpresse drücken. Milch und Sahne zugeben und salzen. Die Butter in das Kartoffelpüree geben, schmelzen lassen, mit dem geriebenen Meerrettich gut durchmischen und etwas Muskatnuss darüber reiben.

Für die Involtini das Fleisch abspülen, trocken tupfen und mit einem Fleischklopfer dünn klopfen. Die Innenseiten mit Salz und Pfeffer würzen und mit Frischkäse bestreichen. Die Schalotte und die Knoblauchzehe schälen, sehr fein hacken, mit Tomatenmark und Petersilie mischen, salzen, pfeffern und auf den Frischkäse streichen. Jeweils eine Scheibe Mortadella darauflegen und die Putenbrustscheiben aufrollen. Die Rollen mit Rouladengarn fest umwickeln.

Butterschmalz in einer Pfanne erhitzen und das Fleisch ca. 4–5 Minuten von allen Seiten braun anbraten. Gemüsefond und Sahne zugießen und ca. 10 Minuten schmoren lassen. Die Röllchen herausnehmen, warm halten, Butter zur Sauce geben und kurz einkochen lassen.

Die Putenröllchen mit dem Kartoffelpüree und der Sauce servieren.

TIPP
Statt Kartoffelpüree einfach Bandnudeln dazu reichen.

Mann und Frau:
CROQUE MONSIEUR ET MADAME

ZUBEREITUNG CA. 20 MINUTEN

FÜR 2 PERSONEN

- 1 EL BUTTER
- 1 EL MEHL
- 150 ML MILCH
- 50 G GERIEBENER
  MITTELALTER GOUDA
- 1 SPRITZER ZITRONENSAFT
- 1 PRISE MUSKAT
- SALZ
- FRISCH GEMAHLENER PFEFFER
- 4 SCHEIBEN BRIOCHE
- 2 SCHEIBEN GEKOCHTER SCHINKEN
- 2 EL SCHNITTLAUCH-RÖLLCHEN
- 1 EI
- ETWAS ÖL ZUM BRATEN

Für die Béchamelsauce Butter in einem kleinen Topf schmelzen, Mehl unter Rühren dazugeben und ca. 1 Minute anschwitzen. Die Hitze reduzieren, die Milch langsam zugießen und weiterrühren, bis eine leicht dickflüssige Sauce entstanden ist. Die Hälfte des Käses dazugeben und schmelzen lassen. Mit einem Spritzer Zitronensaft, einer Prise Muskat, Salz und frisch gemahlenem Pfeffer abschmecken.

Den Backofen auf 200 °C Grillfunktion vorheizen.

Die Brioche-Brotscheiben im Toaster leicht anrösten. Zwei Scheiben auf ein mit Backpapier ausgelegtes Backblech legen, mit der Béchamelsauce bestreichen und mit dem Schinken belegen. Den Schinken wiederum mit der Sauce bestreichen und die beiden restlichen Brotscheiben als Deckel daraufleegen.

Den restlichen Käse darüberstreuen und im oberen Drittel des Backofens ca. 2–3 Minuten backen, bis der Käse zerlaufen und leicht gebräunt ist.

Mit Schnittlauch bestreuen und heiß servieren.

Für die Croque Madame das Ei in etwas Öl zu einem Spiegelei braten und auf das fertige Brot setzen.

TIPP

Statt mittelaltem Gouda können auch andere würzige Käsesorten, wie z.B. Gruyère, verwendet werden.

Happy Birthday, my Love:
ZITRONEN-MOHN-GUGELHUPF

ZUBEREITUNG CA. 20 MINUTEN, **BACKZEIT** CA. 50 MINUTEN,
ZIEHZEIT CA. 6 STUNDEN

FÜR EINEN KUCHEN

FÜR DEN ZITRONENSIRUP

- 2 ZITRONEN
- 40 G ZUCKER

FÜR DEN ZITRONENTEIG

- 100 G BUTTER
- 4 EIER (GRÖSSE M)
- 260 G ZUCKER
- 1 PCK. VANILLEZUCKER
- 220 G MEHL
- 1 PCK. BACKPULVER
- 1 PRISE SALZ
- 120 G CRÈME FRAÎCHE
- ABRIEB VON 4 BIO-ZITRONEN
- ETWAS WEICHE BUTTER ZUM
  FETTEN DER BACKFORM
- ETWAS MEHL ZUM BESTÄUBEN

FÜR DIE MOHNMASSE

- 5 EIER (GRÖSSE M)
- 125 G WEICHE BUTTER
- 150 G PUDERZUCKER
- 150 G GEMAHLENER MOHN
- 65 G GEMAHLENE MANDELN

FÜR DIE GLASUR

- SAFT EINER HALBEN ZITRONE
- 100 G PUDERZUCKER

Für den Zitronensirup die Zitronen auspressen und den Saft mit dem Zucker in einem kleinen Topf kurz aufkochen lassen, bis sich der Zucker gelöst hat. Anschließend abkühlen lassen und im Kühlschrank lagern.

Den Backofen auf 180 °C Ober-/Unterhitze vorheizen.

Für den Zitronenteig die Butter in einem kleinen Topf schmelzen und abkühlen lassen. Eier mit Zucker und Vanillezucker in einer Schüssel mit einem Handrührgerät ca. 2 Minuten cremig und hell aufschlagen. Mehl, Backpulver und Salz mischen und dazugeben. Crème fraîche und Zitronenabrieb untermischen. Die Backform mit einem Backpinsel mit etwas weicher Butter ausstreichen. Mit Mehl bestäuben und den Zitronenteig einfüllen.

Für die Mohnmasse die Eier trennen. Eiweiß steif schlagen. Eigelbe, Butter, Puderzucker, Mohn und Mandeln mischen. Eischnee unterheben. Die Masse auf dem Zitronenteig verteilen und mit einer Gabel in den Teig grob einrühren.

In der Mitte des Backofens ca. 50–55 Minuten backen. Den fertigen Kuchen abkühlen lassen, stürzen und einige Male mit einer Gabel oder einem Holzstäbchen einstechen. Den Zitronensirup auf dem Kuchen verteilen und den Kuchen vollständig abkühlen und ca. 6 Stunden im Kühlschrank durchziehen lassen.

Für die Glasur Zitronensaft mit Puderzucker verrühren, auf dem Kuchen verteilen und fest werden lassen.

ÜBER DIE
AUTORINNEN

DIE DREI KOCHBUCHAUTORINNEN FINDEN, LIEBE UND KOCHEN GEHÖREN GANZ ENG ZUSAMMEN. DARUM WAR ES KLAR, WELCHES THEMA BEI DEN DREIEN UNBEDINGT AUF DEN TISCH MUSS.

JULIA (LINKS) – Julia liebt Schokolade, Kapern und alles mit Knoblauch. Ihr Leben dreht sich um Genuss, sowohl in der eigenen Küche als auch auf Reisen. Für HELLO LOVE ist sie zur Sonntagsfotografin geworden: Runterschalten, spazieren gehen, die schönen Dinge des Lebens festhalten, die sie an Liebe erinnern.

Julia ist gelernte Fotografin und studierte Foto-Designerin. Sie hat 5 Jahre in New York gearbeitet, bis Hamburg ihr neues Zuhause wurde. Dort fotografiert sie für verschiedene Projekte rund um das Thema Essen. Ihre liebsten Gäste in der Küche sind ihr Mann und ihre zwei Töchter.

VERA (MITTE) – lebt mit ihrer kleinen Familie in Köln. Sie liebt es mit vollem Herzen mehrere Rollen zu haben! Partnerin, Mutter und Designerin. Köchin wäre zu viel gesagt, aber gutes Essen liebt sie ebenfalls. Die Grafikdesignerin und Dozentin hat schon viele verschiedene Buch- und Magazinkonzepte entwickelt und bis zum Druck begleitet. Sie betreibt die Designagentur vrej in Köln zusammen mit ihrem Geschäftspartner Jens Rehling.

SASKIA (RECHTS) – Aus Liebe zu ihren erwachsenen Kindern entstand Saskias Foodblog Dee's Küche, der ursprünglich als erstes Kochbuch gedacht war. Jetzt war es spannend, für HELLO LOVE Rezepte für zwei zu kreieren, deren Zutaten etwas mit Liebe zu tun haben, wie z.B. Granatäpfel oder Feigen. Ein selbst zubereitetes Essen ist für sie jeden Tag wie eine kleine Liebeserklärung aus der eigenen Küche – nicht nur für frisch Verliebte –, sondern auch für gute Freunde, zum Muttertag oder zur Goldenen Hochzeit. Saskia lebt in Hamburg, hat Betriebswirtschaft studiert, viele Jahre im Verlag gearbeitet, entwickelt heute Rezepte und ist Ernährungscoach.

VERLAGSGRUPPE PATMOS

PATMOS
ESCHBACH
GRÜNEWALD
THORBECKE
SCHWABEN
VER SACRUM

Die Verlagsgruppe
mit Sinn für das Leben

Aus Gründen der Nachhaltigkeit verzichten wir darauf, dieses
Buch in Folie einzuschweißen. #ohneFolie

Für die Verlagsgruppe Patmos ist Nachhaltigkeit ein wichtiger
Maßstab ihres Handelns. Wir achten daher auf den Einsatz um-
weltschonender Ressourcen und Materialien.

© 2020 Jan Thorbecke Verlag,
Verlagsgruppe Patmos
in der Schwabenverlag AG, Ostfildern
www.thorbecke.de

Fotos: Julia Cawley
Gestaltung: Designagentur vrej
Rezepte: Saskia van Deelen
Übrige Texte: Magdalena Müller
Druck: PNB Print Ltd, Silakrogs
Hergestellt in Lettland
ISBN 978-3-7995-1444-6 (Print)
ISBN 978-3-7995-1466-8 (eBook)